NOTICE BIOLOGIQUE

DU

DOCTEUR J.-M.-D. FRANC

Professeur Agrégé à la Faculté de Médecine, Ancien premier Médecin du
Vice-Roi d'Égypte, Ancien Interne des Hôpitaux de Lyon, Chef Interne
de l'Hôtel-Dieu Saint-Éloi de Montpellier, Ancien Prosecteur adjoint de
la Faculté de Médecine, Médecin des Écoles communales et de la salle
d'Asile, Médaille du choléra 1834, Vice-Président de la Société de Médecine et de Chirurgie pratiques, Membre de l'Académie royale des Lettres,
Sciences, Arts et Agriculture de Metz, etc.

Par le Dr JACQUEMET

PROFESSEUR AGRÉGÉ À LA FACULTÉ DE MÉDECINE.

MONTPELLIER

TYPOGRAPHIE DE BOEHM ET FILS, RUE D'ALGER, 10

ÉDITEURS DU MONTPELLIER MÉDICAL.

1885

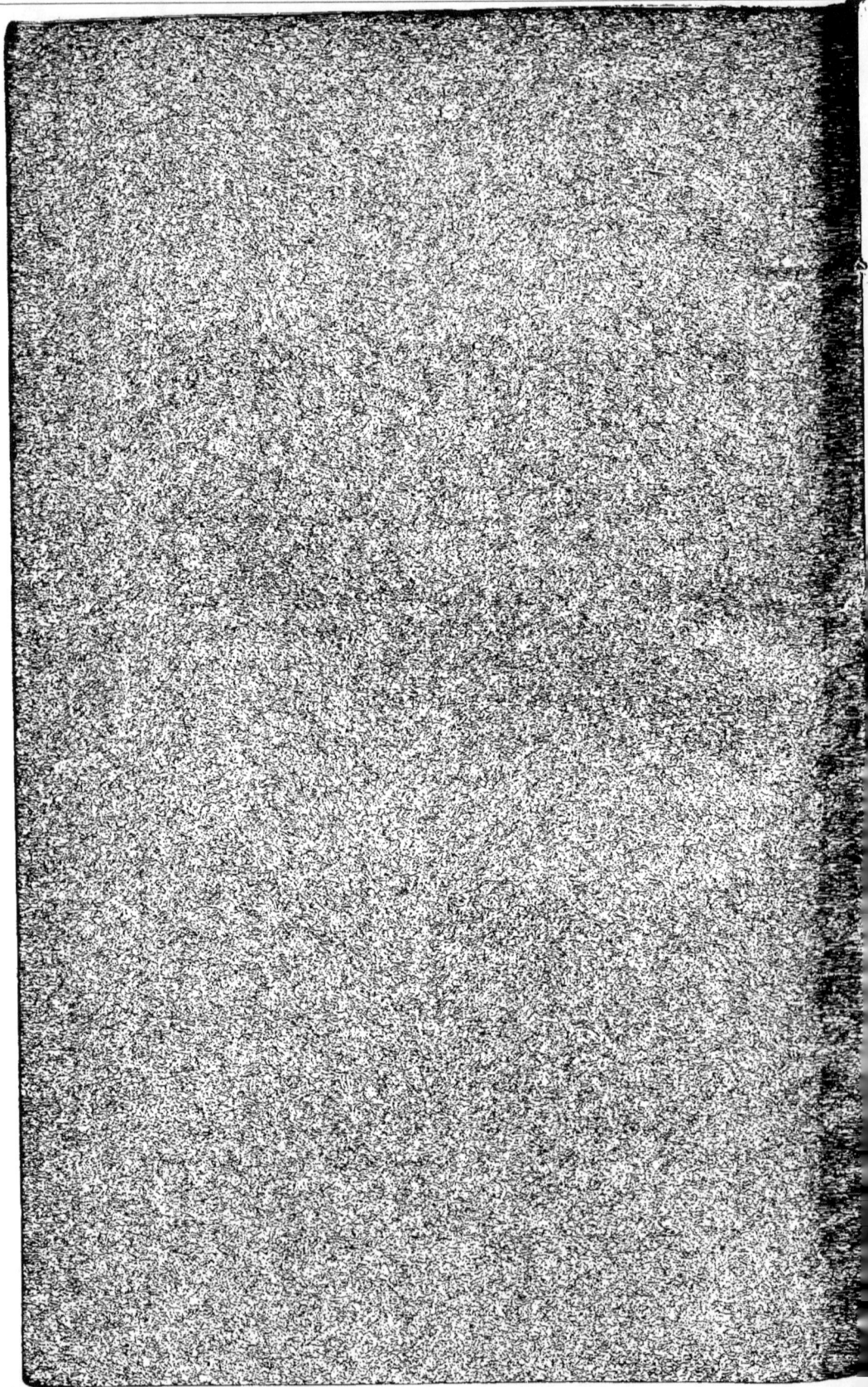

NOTICE BIOLOGIQUE

DU

DOCTEUR J.-M.-D. FRANC

Professeur Agrégé à la Faculté de Médecine, Ancien premier Médecin du Vice-Roi d'Égypte, Ancien Interne des Hôpitaux de Lyon, Chef Interne de l'Hôtel-Dieu Saint-Éloi de Montpellier, Ancien Prosecteur adjoint de la Faculté de Médecine, Médecin des Écoles communales et de la salle d'Asile, Médaille du choléra 1834, Vice-Président de la Société de Médecine et de Chirurgie pratiques, Membre de l'Académie royale des Lettres, Sciences, Arts et Agriculture de Metz, etc.

Par le Dr JACQUEMET

PROFESSEUR AGRÉGÉ A LA FACULTÉ PE MÉDECINE.

MONTPELLIER

TYPOGRAPHIE DE BOEHM ET FILS, RUE D'ALGER, 10

ÉDITEURS DU MONTPELLIER MÉDICAL.

1885

Notice Biologique du Dr J.-M.-D. FRANC

Naguère, une affluence nombreuse et recueillie accompagnait à sa dernière demeure un vénérable octogénaire, le Dr Franc, qu'une mort rapide venait d'enlever à l'affection de sa famille et du Corps médical, qui s'honore de compter, comme neveux du défunt, le Dr Adolphe Coste, médecin principal de l'hôpital de Montauban, le Dr Ernest Auburtin, gendre de l'illustre professeur Bouillaud, et le Dr Paris, médecin à Viols (Hérault).

Une délégation des Professeurs de la Faculté de Médecine et la corporation des Agrégés étaient à la tête du cortège. Le deuil était conduit par M. Charles Dupin, gendre du Dr Franc, et par M. Marcel Dupin, son petit-fils.

Notre regretté Confrère, ancien Agrégé de la Faculté, ancien premier médecin du vice-roi d'Égypte, avait appartenu à cette forte génération qui se passionna avec une ardeur sans exemple pour les nobles luttes des concours, rétablis après 1830, et qui a fourni à l'École de Montpellier la plupart de ses illustrations professorales.

Après avoir tenu une place distinguée dans la Faculté par ses services et son enseignement, et après s'être fait un nom respecté dans la littérature médicale, le Dr Franc attendit à peine le milieu de sa carrière pour se retirer de la vie scientifique; mais quarante ans de retraite n'ont pu faire oublier les mérites du praticien et du savant, comme en a témoigné le jour de ses funérailles.

A la fin de la cérémonie religieuse, le Dr Jacquemet, professeur agrégé de la Faculté, a prononcé l'allocution suivante.

MESSIEURS,

Au nom du Corps de l'Agrégation, je viens dire un dernier adieu à notre ancien et vénéré Collègue, le Dr Franc, dont la mémoire se recommande par plus d'un titre à notre sympathique souvenir et à la reconnaissance du pays.

Joseph-Marie-Anne-Dominique Franc naquit en 1805, à Sarria, près de Barcelone, où ses parents avaient transporté une fabrique de *produits pour la teinture*, établie quelques années auparavant près de Montpellier, à l'instigation de Chaptal, notre immortel professeur de chimie appliquée.

Le père de Franc était né à Smyrne et s'appelait Nicolaï; mais il avait gardé le nom de *Franco*, qu'on lui donnait communément, parce que, professant la religion grecque, il était jusqu'à un certain point affranchi de la domination turque. Vers la fin du dernier siècle, il était venu en France, comme tant d'autres étrangers, notamment ces descendants des Phéniciens habiles dans l'art des couleurs et à qui le ministre Chaptal, tout dévoué au développement de l'industrie française, avait fait appel, alors que lui-même puisait dans son patriotisme une invincible résistance aux offres du roi d'Espagne et aux séductions encore plus généreuses de Washington.

C'est après quelques années de séjour à Montpellier, où il avait épousé une jeune fille originaire de Pézenas, que le père de notre Collègue était allé créer une autre usine près de Barcelone. Au milieu des troubles et des sourdes hostilités que dissimulait mal la prétendue alliance des deux nations, son attachement à la France porta un coup fatal à ses affaires et à son existence.

Ruinée et devenue veuve, la mère revint à Pézenas avec ses trois petits enfants, parmi lesquels le jeune Joseph, qui n'avait alors qu'un an.

On comprend combien dut être gênée et pénible l'éducation de cette petite famille; mais l'industrieuse activité de la mère sut faire face à toutes les nécessités. Joseph répondit d'ailleurs admirablement aux soins qui l'entouraient. Il vint achever ses études scolaires à Montpellier, et bientôt il prit rang parmi les plus studieux élèves de la Faculté de Médecine. Chaque année fut dès lors marquée pour lui par des succès dans les concours. Qu'il me suffise de rappeler que, en 1826, il était nommé interne des hôpitaux de Lyon, deux ans plus tard chef interne des hôpitaux de Montpellier, puis prosecteur adjoint à la Faculté, enfin agrégé au concours mémorable de 1836, où M. Bouisson obtint la première place.

Depuis son retour de Lyon, le Dr Franc s'était attaché plus particulièrement au professeur Lallemand, qui occupait alors, à côté de Delpech, un rang très envié dans la Chirurgie française. Sous l'inspiration de son illustre Maître, il publia ses premiers travaux, qui n'ont rien perdu de leur valeur, grâce au talent d'observation et à la justesse d'esprit qui les distinguent.

Je citerai d'abord son Mémoire sur la *lithotritie et l'extraction des calculs entiers de la vessie par la ponction hypogastrique* ; ensuite sa Thèse inaugurale, qui a pour titre : *Nouvelle méthode d'extraire la pierre par dessus le pubis et examen des questions les plus importantes concernant les tailles sus et sous-pubiennes.* Les progrès ultérieurs de la Chirurgie ont ratifié la plupart des propositions de l'auteur ; quelques-unes même ont été le point de départ d'applications plus importantes, comme la *méthode combinée de la taille et de la lithotritie* de Bouisson, de Dolbeau, etc.

En 1834, Franc fit paraître un Mémoire sur l'*emploi du tartre stibié à hautes doses contre les lésions traumatiques.* Ce travail eut le double mérite de réagir fort à propos, et contre l'abus de la saignée, si préconisée par l'École de Broussais, et contre l'aveugle Pratique de Rasori, qui employait les hautes doses d'émétique dans toutes les espèces d'inflammations, tandis que Franc ne les applique qu'aux cas de traumatisme, spécialement aux plaies de tête.

A 1836 se rapporte sa thèse du concours d'Agrégation, qui a pour titre : *Formation du cal et considérations pathologiques et thérapeutiques qui s'y rattachent.*

C'est peu après cette époque que survint un événement très flatteur pour l'École de Montpellier et qui fut décisif dans la destinée de notre agrégé. La grande réputation du professeur Lallemand avait attiré à Montpellier le vice-roi d'Égypte, Ibrahim-Pacha, qui venait lui demander sa guérison. Pendant son séjour dans notre cité, le libérateur de l'Égypte put apprécier l'élève particulier de Lallemand. Il l'appela plus tard auprès de lui au Caire, et se l'attacha en qualité de premier médecin.

L'École de Montpellier n'a pas oublié, et il sied de le redire en ce moment, combien la présence du médecin de Montpellier à la Cour d'Égypte fut avantageuse à notre centre scientifique, pour répandre et faire prévaloir son nom et sa doctrine dans cette région alors la plus civilisée de l'Afrique et qui nous confie encore chaque année son contingent d'étudiants entretenus par l'État.

Après avoir passé près de quatre années à étendre et à cimenter ces heureuses relations dont les effets lui survivront parmi nous, notre Franc revint en France, fatigué par l'incessant labeur de sa haute position et par les conditions d'un climat peu favorable aux esprits européens. Ses goûts modestes et sa petite fortune lui permettaient de prendre du repos. Mais avant de se consacrer à la vie intime de famille, il publia deux ouvrages qui sont encore recherchés de nos jours. L'un est relatif à *certaines lésions des voies urinaires* (rétrécissements) ; l'autre consiste dans la troisième édition du *Manuel d'Obstétrique de Dugès*, édition revue et publiée en collaboration de Lallemand.

Ajoutons, qu'il prit une part brillante au concours pour le professorat qui, parmi les dix compétiteurs engagés, devait donner un successeur à Dugès et qui aboutit a la nomination de Bouisson. La Thèse dévolue à Franc dans ce concours a pour sujet : *Du pronostic en chirurgie et de ses sources.*

Nous retrouvons dans ces œuvres, qui datent de 1840, toutes les qualités d'écrivain, d'observateur et de praticien, que possédait notre honoré Collègue, et qui ont souvent fait regretter à ses amis qu'il ait renoncé sitôt à la vie active et féconde du savant pour se confiner dans le silence de la retraite.

Jusqu'ici, Messieurs, je ne vous ai parlé que de la première phase de cette existence qui a eu ses dures épreuves et ses glorieux moments. Il me resterait à vous initier aux doux loisirs de la seconde période, si pleine de dévouements, de philosophie pratique et de services rendus à tout venant ; mais la modestie bien connue de notre sympathique Collègue me fait un devoir de rester

discret. Qu'il me soit au moins permis de ne pas oublier la bien-
veillance, l'aménité et la loyauté qui formaient le caractère du
Dr Franc et faisaient de lui le plus charmant homme de bien. Bon
et affectueux pour sa mère, il le faut également pour tous ceux à
qui l'attachaient les liens du sang ou les alliances. Un mot vous
peindra bien cette excellente nature ; je l'emprunte à la touchante
dédicace de sa Thèse de doctorat : « A ma mère, dit-il, à ma
mère ! Vous qui m'avez comblé de soin et de tendresse, et qui
vous êtes imposé avec une espèce d'héroïsme les sacrifices
immenses de mon éducation, mère chérie, acceptez aujourd'hui
l'hommage de ma vive reconnaissance. Puissé-je, en retour de
vos bienfaits, être désormais votre consolation, votre orgueil,
votre bonheur !» Sa vie entière a prouvé qu'il tint parole.

Hier, la mort a surpris notre vénérable Collègue et l'a brusque-
ment terrassé. Mais la mort n'empêchera pas son souvenir de vivre
parmi nous, de même qu'elle permet à cette âme vertueuse de re-
trouver à jamais dans le sein de Dieu la récompense de ses mérites.

Puisse cette consolante pensée, unie à l'expession de nos sin-
cères regrets, adoucir la légitime douleur de sa famille !

Adieu, honoré et sympathique Collègue ! Adieu! Dr Franc, adieu !

Reproduit par le Montpellier Médical

(Janvier 1885.)

Montpellier. — Typogr. Boehm et Fils.

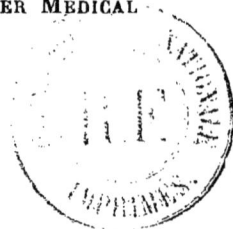